Impressum
Verlag: BABADADA GmbH, Nedderfeld 112 , 22529 Hamburg
Geschäftsführer / Verlagsleitung: Harald Hof
Druck: Books on Demand GmbH, In de Tarpen 42, 22848 Norderstedt

Imprint
Publisher: BABADADA GmbH, Nedderfeld 112 , 22529 Hamburg, Germany
Managing Director / Publishing direction: Harald Hof
Print: Books on Demand GmbH, In de Tarpen 42, 22848 Norderstedt, Germany

de School

ښوونځی

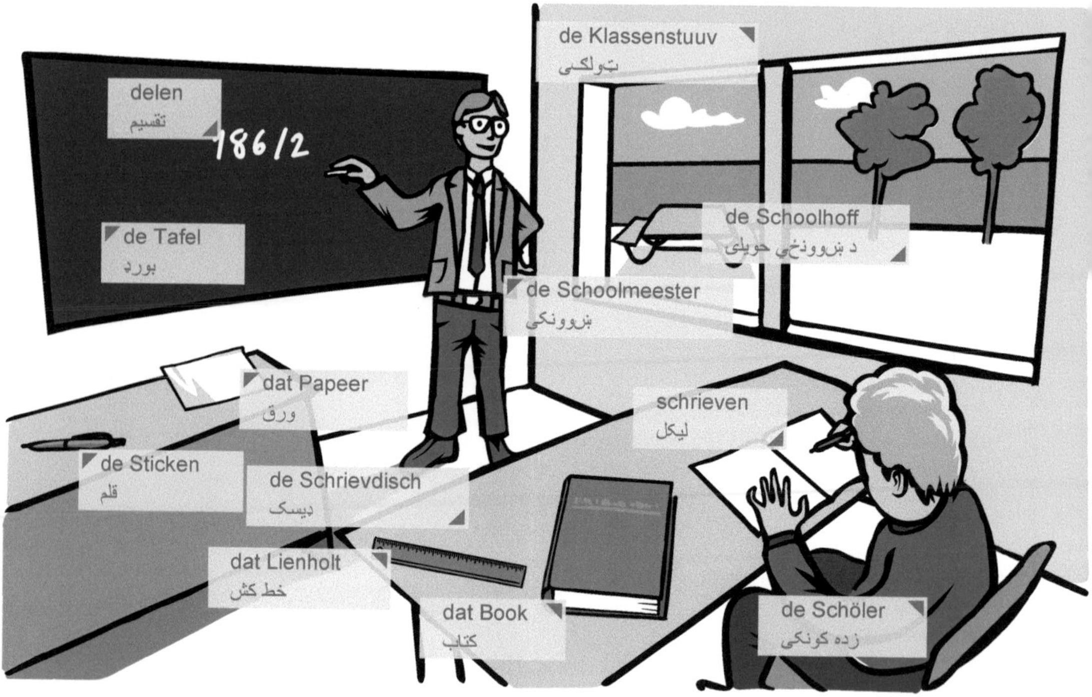
de Klassenstuuv
ټولګی
delen
تقسیم
186/2
de Tafel
بورډ
de Schoolhoff
د ښوونځي حویلی
de Schoolmeester
ښوونکی
dat Papeer
ورق
schrieven
لیکل
de Sticken
قلم
de Schrievdisch
دیسک
dat Lienholt
خط کش
dat Book
کتاب
de Schöler
زده کونکی

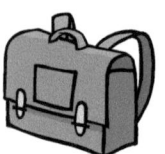

de Ranzel

کڅوړه

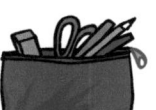

de Feddermapp

د پنسل بکسه

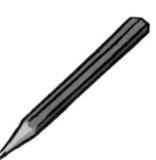

de Bleesticken

پنسل

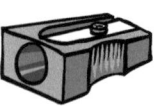

de Scharpmaker

پنسل تراش

dat Radeergummi

ربړ

de Tekenblock

د رسامی پاڼه

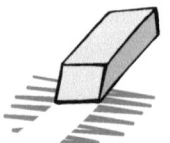

de Teken

رسامي

de Pinsel

د نقاشی برس

de Malkassen

د نقاشی بکس

de Scheer

قیچی

de Klever

سریش

dat Heft to'n Öven

د تمرین کتاب

de Huusopgaav

کورنی دنده

de Tall

شمیر

tohooptellen

جمع

aftrecken

منفي

malnehmen

ضرب

reken

حساب

de Bookstaav

تورى

dat ABC

الفبا

dat Woort

کلمه

de Text

متن

lesen

لوستل

de Kried

تباشير

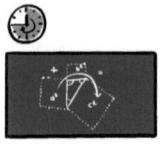

de Stunn

درس

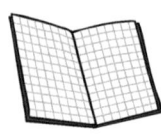

dat Klassenbook

راجستر

de Pröven

ازموينه

dat Tüügnis

تصديق پاڼه

de Schooluniform

د ښوونځي يونيفارم

de Utbillen

تعليم

dat Nakieksel

دايره المعارف

de Universität

پوهنتون

dat Mikroskop

مايكروسكوپ

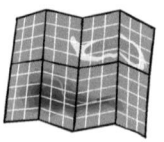

de Koort

نقشه

de Papeerkorf

اشغالدانی

dat Hotel
هوتل

Grand

de Harbarg
لیلیه

ROOMS

de Wesselstuuv
د اسعارو د تبادلی دفتر

ECHANGE

de Kuffer
بکس

dat Auto
موټر

de Spraak

ژبه

jo / ne

هو/نه

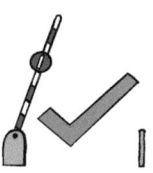

Jo

سمه ده

Moin

سلام

de Översetter

ژباړونکی

Dank ok

مننه

Wat kost...?

څومره دي...؟

Ik verstah nich

زه نه پوهیږم

dat Problem

ستونزه

Goden Avend

ماښام مو پخیر!

Moin!

سهار په خیر!

Gode Nacht!

شپه په خیر!

Tschüüs

په مخه مو ښه

de Richt

لارښود

de Bagaasch

سامان

de Tasch

بیگ

de Rüchsack

شاتنی بکس

de Gast

میلمه

de Stuuv

خونه

de Slaapsack

د خوب کڅوړه

dat Telt

خیمه

de Touristeninformatschoon

د توريزم معلومات

de Strand

ساحل

de Kreditkoort

کریدیت کارت

dat Fröhstück

ناری

dat Meddageten

د غرمي خواره

dat Avendeten

د شپي خواره

de Fohrkort

تيکټ

de Fohrstohl

لفټ

de Breefmark

مهر

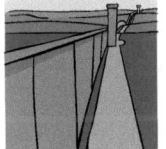

de Grenz

پوله

de Toll

ګمرک

de Bottschop

سفارت

dat Visum

ویزه

de Pass

پاسپورت

de Transport

ټرانسپورټ

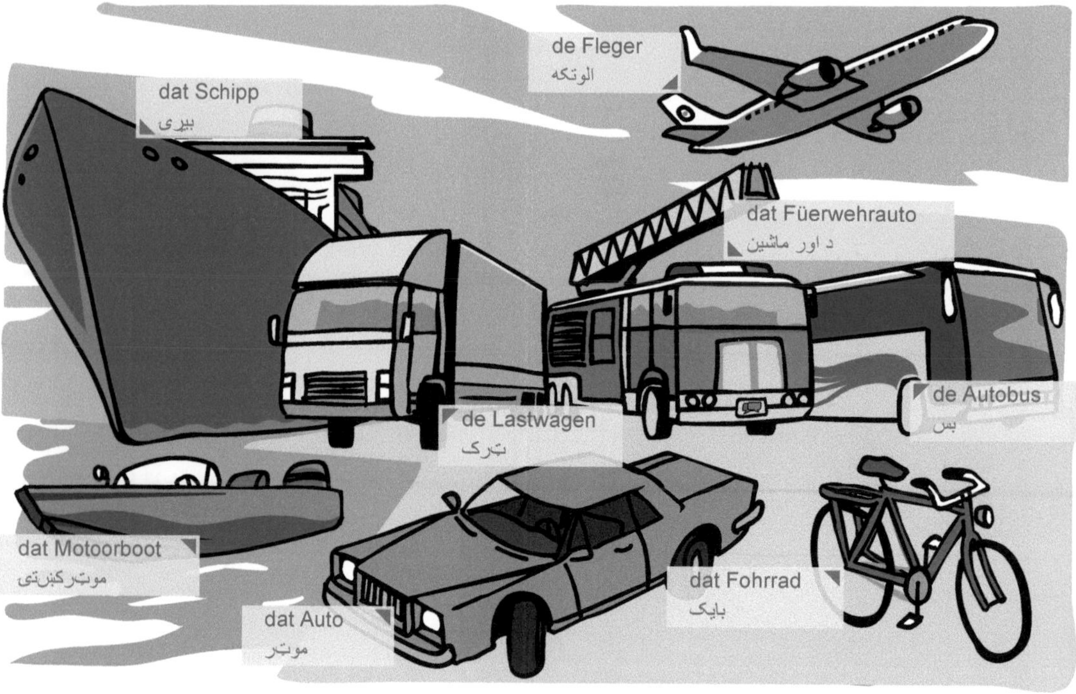

dat Schipp
بیړی
de Fleger
الوتکه
dat Füerwehrauto
د اور ماشین
de Lastwagen
ټرک
de Autobus
بس
dat Motoorboot
موټرکښتی
dat Fohrrad
بایک
dat Auto
موټر

de Fähr

کښتی

dat Boot

کښتی

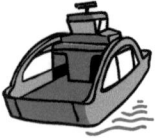

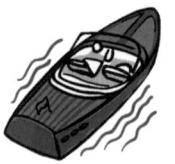

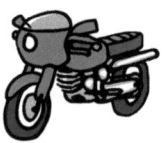

dat Motoorrad

موټرسایکل

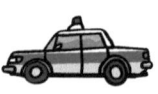

dat Polizeiauto

د پولیسو موټر

dat Rönnauto

د ریس موټر

de Lehnwagen

کرایی موټر

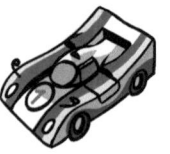

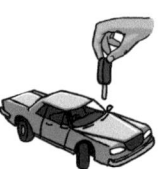

dat Carsharing

د کرايه موټرري

de Afsleepwagen

جرثقيل لرونکی ټرک

dat Müllauto

ريفيوز ټرک

de Motoor

موټر

de Kraftstoff

سونګ توکي

de Tanksteed

پټرول سټيشن

dat Verkehrsschild

ترافيکي نښه

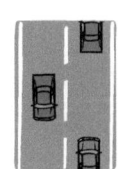

de Verkehr

ترافيک

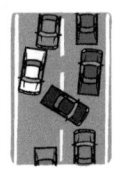

de Stau

جام ترافيک

de Afstellplatz

د موټرو تمځای

de Bahnhoff

د ريل سټيشن

de Sporen

پټنټکي

de Tog

ريل

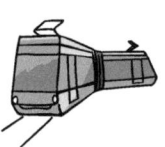

de Stratenbahn

ټرام

de Wagon

واګون

de Dwarsmöhl

چورلکه

de Flooghaven

هوايي ډگر

de Tower

برج

de Fohrgast

مسافر

de Grootkist

کانتينر

de Karton

کارتون

de Koor

کارت

de Korf

ټوکری

starten / lannen

الوتنه کول/ښکته ينساستل

de Stadt

بښار

dat Dörp

کلی

de Binnenstadt

د بښار مرکز

dat Huus

کور

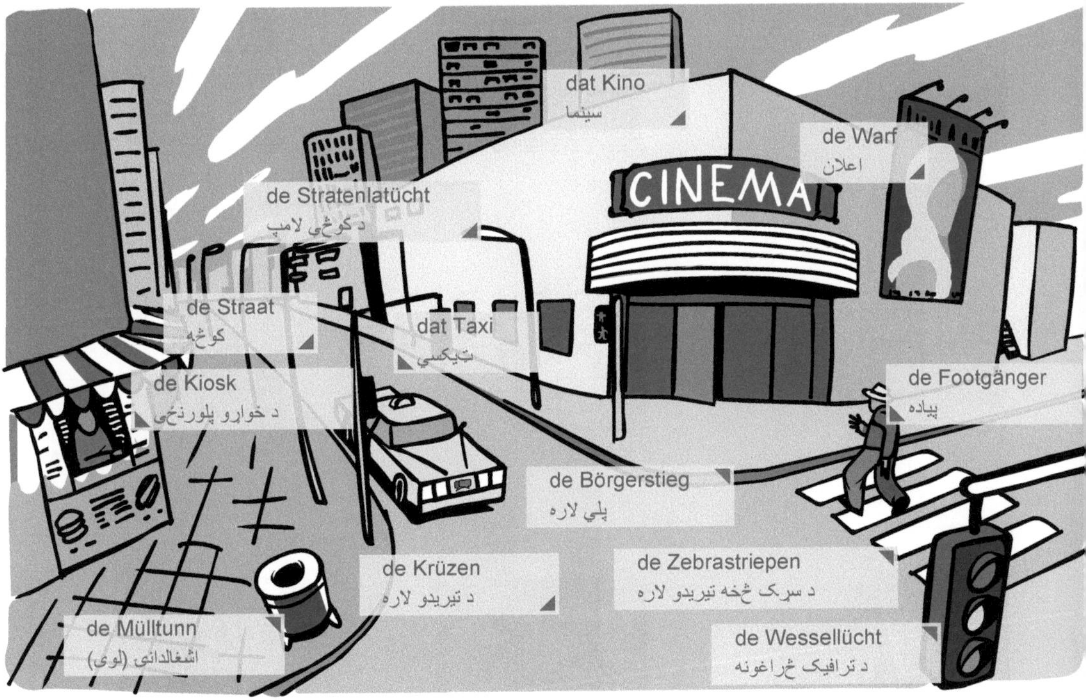

dat Kino
سینما

de Warf
اعلان

de Stratenlatücht
د کوڅی لامپ

CINEMA

de Straat
کوڅه

dat Taxi
ټیکسي

de Kiosk
د خواړو پلورنځی

de Footgänger
پیاده

de Börgerstieg
پلي لاره

de Krüzen
د تیریدو لاره

de Zebrastriepen
د سرک څخه تیریدو لاره

de Mülltunn
اشغالدانی (لوی)

de Wessellücht
د ترافیک څراغونه

de Hütt
کودله

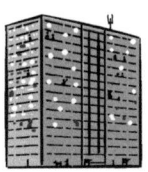

de Wahnung
اپارتمان

de Bahnhoff
د ریل ستیشن

dat Raathuus
ټاون هال

dat Museum
میوزیم

de School
ښوونځی

de Stadt - ښار   11

de Universität

پوهنتون

de Bank

بانک

dat Krankenhuus

روغتون

dat Hotel

هوټل

de Afteek

درملتون

dat Büro

دفتر

de Bookhökerie

کتاب پلورنځی

de Hökerie

پلورنځی

de Blomenhökerie

د ګلانو پلورنځی

de Supermarkt

لوی پلورنځی

de Markt

مارکیټ

dat Koophuus

د دیپارتمنټ سټور

de Fischhökerie

کب پلورنځی

dat Inkoopszentrum

د پلور مرکز

de Haven

لنګرتون

de Parkanlaag

پارک

de Bank

بینچ

de Brüch

پل

de Trepp

زینه

de Ünnergrundbahn

د ځمکې لاندی

de Tunnel

تونل

de Busstoppsteed

بس تمځای

de Bar

بار

dat Spieslokal

ریستّورانت

de Breefkassen

پوست بکس

dat Stratenschild

د کوڅې نښه

de Parkklock

د پارک کولو میتر

de Deertenpark

ژوبن

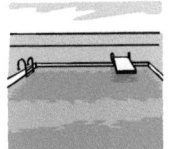

de Baadanstalt

د لامبو حوض

de Moschee

مسجد

de Buernhoff

كرونده

de Ümweltversmudden

ناپاكي

de Karkhoff

هدیره

de Kark

چرچ

de Speelplatz

د لوبو ډګر

de Tempel

معبد/كلیسا

de Landschop

منظره

dat Blatt
پانه

de Wiespahl
د لارپرووني نبراه

de Weg
لاره

de Wisch
چمن

de Steen
كانى

de Wannerer
هیكر

de Boom
ونه

de Fluss
سیند

dat Gras
واښه

de Bloom
ګل

dat Daal

دره

de Barg

غوندی

de See

ناور

dat Holt

ځنګل

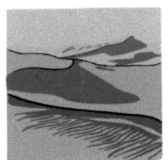

de Wööst

دشته

de Füerspien Barg

اورشیندی

dat Slott

کلا

de Regenbagen

رنگـين کمان

de Poggenstohl

مرخيري

de Palm

پلم ونه

de Steekmück

ماشي

de Fleeg

الوتل

de Miegeemk

میږی

de Imm

مچی

de Spinn

غوندډ/جولا

de Sebber

كونگت

de Pogg

چونگبڑه

de Katteker

نولی

de Swienegel

زیرِکی

de Haas

سوی

de Uul

كونگ

de Vagel

مرغی

de Swaan

قازه

dat Wildswien

نرخوگ

de Hirsch

هوسی

de Elk

گاوزه

de Staudamm

بند

dat Windrad

بادي توربين

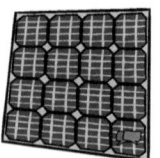

dat Solarmodul

سولر تختی

dat Klima

اقلیم

dat Spieslokal

ریسټورانټ

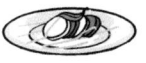

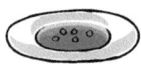

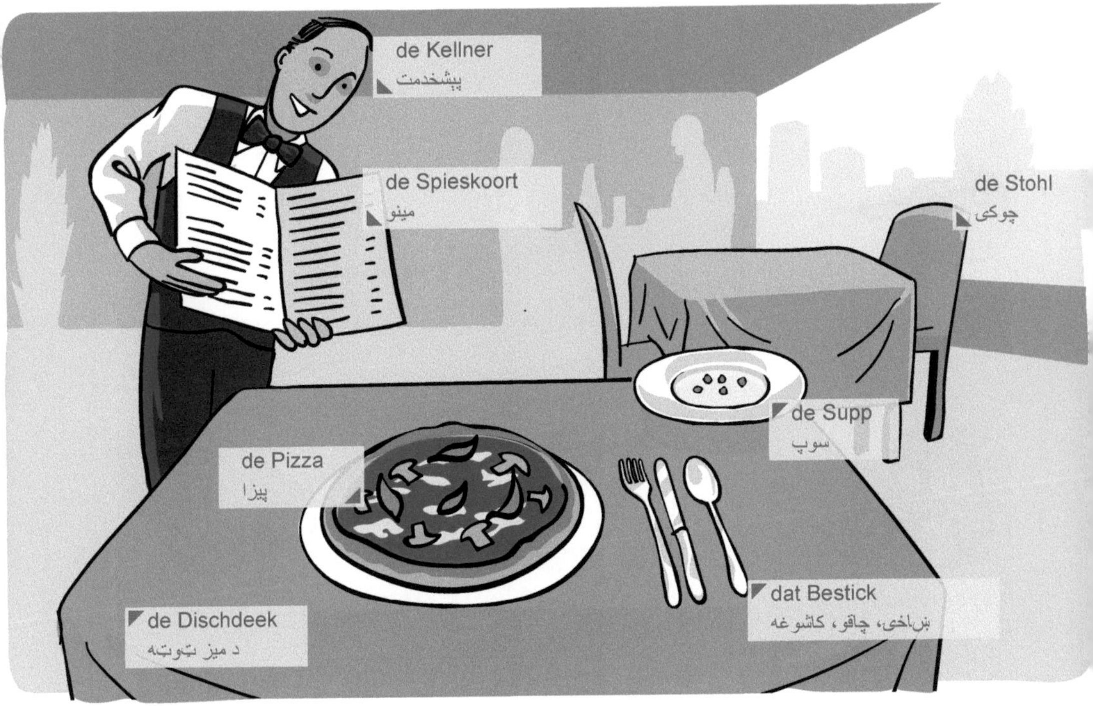
de Kellner
پېشخدمت
de Spieskoort
مینو
de Stohl
چوکۍ
de Supp
سوپ
de Pizza
پيزا
de Dischdeek
د میز ټوټه
dat Bestick
پنجاخی، چاقو، کاشوغه

de Vörspies
....
ستارټر

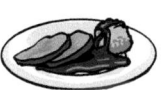

dat Haupteten
....
اصلي خواړه

de Nadisch
....
شيريني

de Drünk
....
څښاک

dat Eten
....
خواړه

de Buddel
....
بوتل

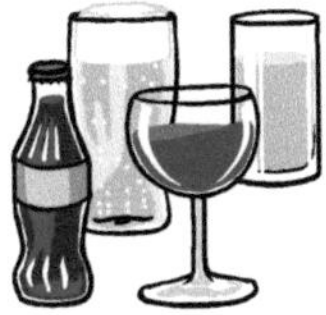

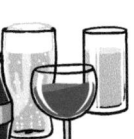

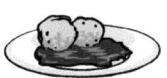

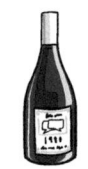

dat Fastfood

فاست فود

dat Strateneten

د کوڅۍ خواره

de Teekann

چای جوش

de Zuckerdoos

قندانی

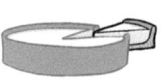

de Portschoon

برخه

de Espressomaschien

اسپرسو مشین

de Hoochstohl

لوړه چوکی

de Reken

رسید

dat Tablett

مجمه

dat Mess

چاکو

de Gavel

پنجه

de Lepel

قاشق

de Teelepel

چای قاشق

dat Munddook

سرویت

dat Glas

گلاس

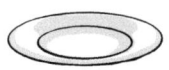

de Töller

پلیټ

de Suppentöller

د سوپ پلیټ

de Ünnertass

نالبکی

de Sooß

ساس

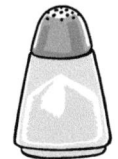

de Soltstreuer

مالګه شیندونکی

de Pepermöhl

د مرچ ټکولو لوخی

de Etig

سرکه

dat Ööl

غوري

de Krüder

مساله

de Ketchup

کچ اپ

de Mostrich

شرشم

de Mayonnaise

چکه

de Supermarkt

لوی پلورنځی

dat Anbott
ځانګړی وړاندیز
FOR
de Kunn
پیرودونکی
de Melkprodukten
لبنیات
dat Aaft
میوه
de Inkoopswagen
لاسي ګړځ

BUTCHERS

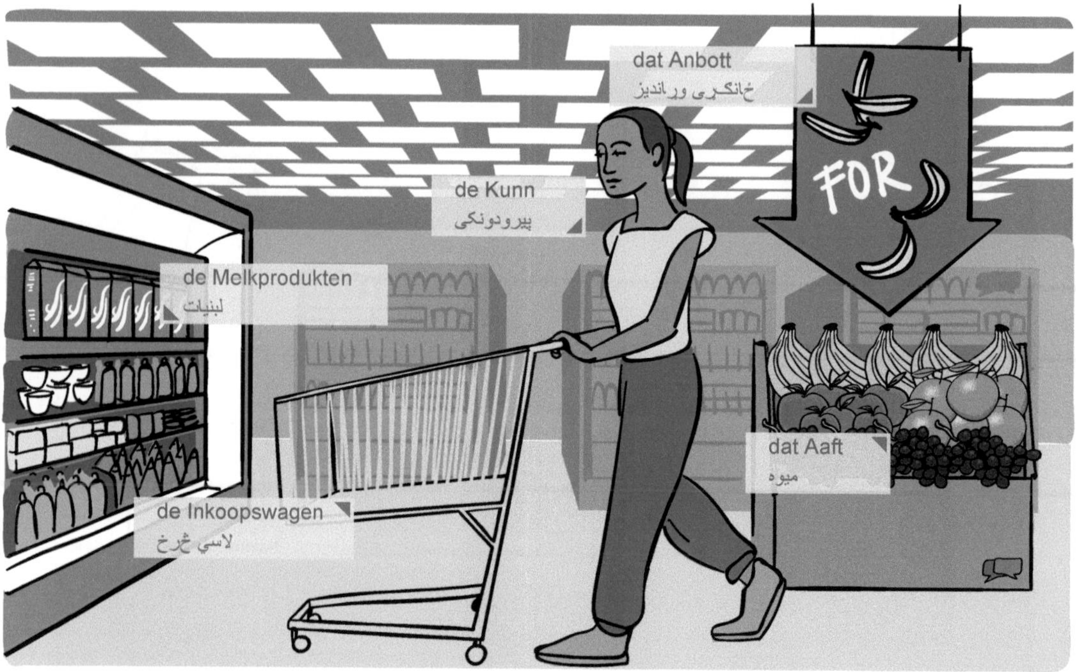

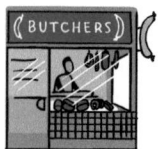

de Slachterie

قصابي

BAKERY

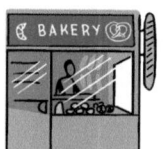

de Bäckerie

نانوایی

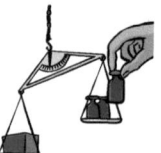

wegen

وزن کول

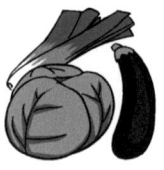

de Gröönsaken

سبزیجات

dat Fleesch

غوښه

de Deepköhlkost

کنګل خواړه

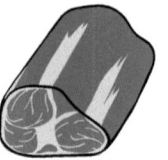

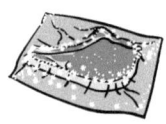

de Opsnitt

يخه غوښه

de Konserven

كنسروا خواره

de Waschmiddel

د مينځلو پودر

de Snoopkraam

شيريني

de Huushooltssaken

كورني توليدات

de Reinmaaktüüch

د پاكولو محصولات

de Verköpersche

د پلور فرد

de Kass

د نغدي راجستر

de Kasserer

صراف

de Inkoopslist

د پيرود ليست

de Opsparrtieden

كاري ساعتونه

de Breeftasch

بټوه

de Kreditkoort

كريډيت كارت

de Tasch

كڅوړه

de Plastiktüüt

پلاستيک كڅوړه

de Supermarkt - لوی پلورنځی 21

dat Water

اوبه

de Saft

جوس

de Melk

شیده

de Cola

کوک

de Wien

واین

dat Beer

بیر

de Spriet

الکول

de Kakao

ککاو

de Tee

چای

de Koffie

کافي

de Espresso

أسپرسو

de Cappucino

کپچینو

de Banaan

کیله

de Appel

منه

de Appelsien

نارنج

de Meloon

هندوانه

de Zitroon

لیمو

de Wöttel

گازره

de Knuuvlook

هوږه

de Bambus

بانکس

de Zibbel

پیاز

de Poggenstohl

مرخیړی

de Nööt

چغزی

de Nudeln

آش

de Spaghetti

سپیگټي

de Ries

وریجي

de Salat

سلاد

de Pommes frites

چپس

de Braadkantüffeln

سره کړي کچالو

de Pizza

پیزا

de Hamborger

همبرګر

dat Sandwich

ساندویچ

dat Snitzel

کتره

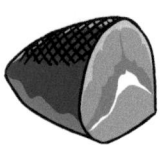

de Schinken

د پتون غوښه

de Salami

سلمي

de Wust

ساسج

dat Hohn

چرګ

de Braden

روست

de Fisch

کب

de Haverflocken

د وربشي شيرني

dat Müsli

موسلي

de Cornflakes

د جوار پلی

dat Mehl

اوړه

de Croissant

کروسانت

dat Rundstück

د ډوډۍ رول

dat Broot

ډوډۍ

dat Toast

ټوسټ

de Keksen

بسکيت

de Botter

کوچ

de Quark

چکه

de Koken

کیک

dat Ei

هګۍ

dat Spegelei

پښې هګۍ

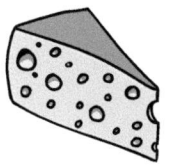

de Kees

پنیر

de Ies

آيس كريم

de Zucker

بوره

de Honnig

شهد

de Marmelaad

مربا

de Nougat-Creme

نوگات کریم

dat Curry

کورکمان

de Buernhoff

کرونده

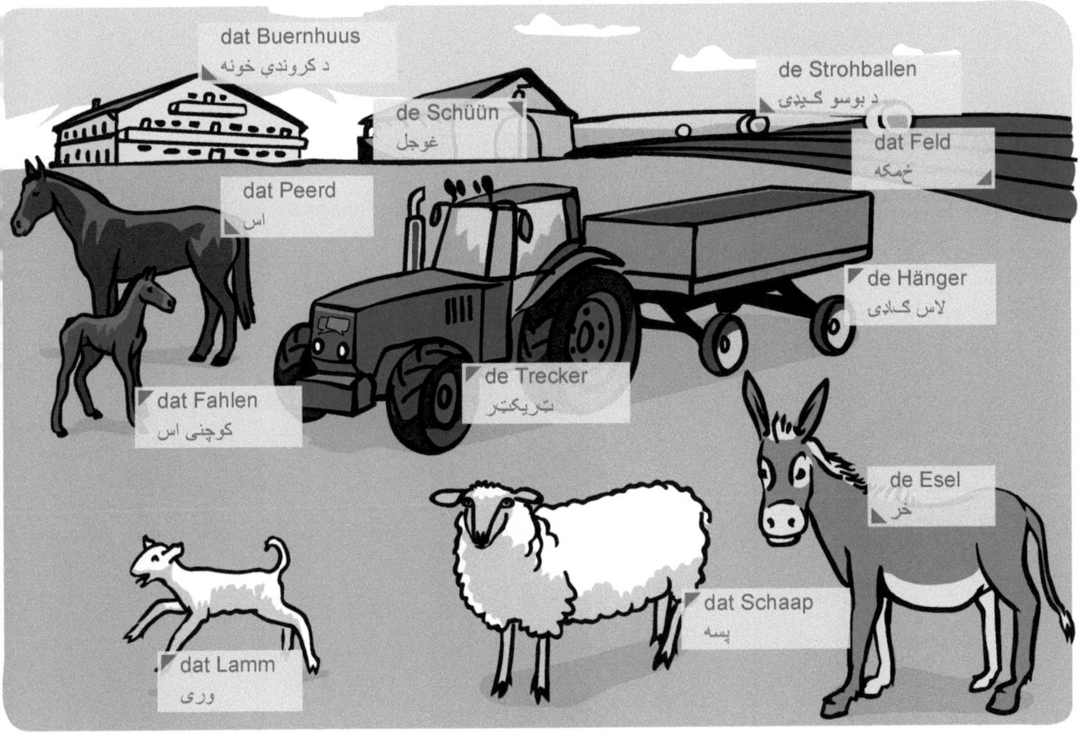
dat Buernhuus
د کروندې خونه
de Schüün
غوجل
de Strohballen
د بوسو گیډی
dat Feld
ځمکه
dat Peerd
اس
de Hänger
لاس گاډی
de Trecker
ټریکټر
dat Fahlen
کوچنی اس
de Esel
خر
dat Schaap
پسه
dat Lamm
وری

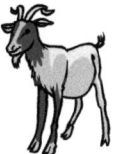

de Zeeg

وزه

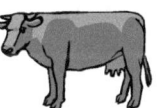

de Koh

غوا

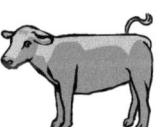

dat Kalf

خوسکی

dat Swien

خوگ

dat Farken

د خوگ بچی

de Bull

غویی

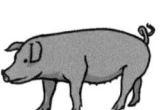

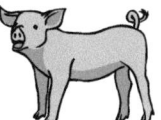

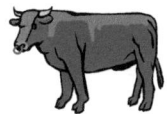

de Goos

بته

de Aant

هیلی

dat Küken

چرګوری

dat Hohn

چرګه

de Hahn

بانګي

de Rott

سارای موږک

de Katt

پیشک

de Muus

موږک

de Oss

غویی

de Hund

سپی

de Hunnenhütt

د سپي خونه

de Goornslauch

د باغ هوز

de Geetkann

د اوبو لوخی

de Lee

لور (داس)

de Ploog

يوی

de Sich

لور

de Hack

رمبی

de Mestfork

بشاخی

de Ext

تبر

de Schuufkoor

کراچی

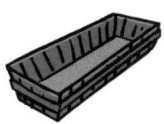

de Trog

ناوه

de Melkkann

د شیدو لوخی

de Sack

جوال

de Tuun

کتاره

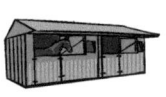

de Stall

مضبوط

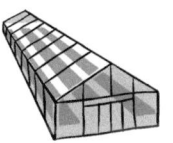

dat Drievhuus

شنه خونه

de Bodden

خاوره

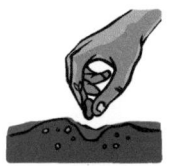

de Saat

تخم

de Dünger

سرہ/کود

de Meihdöscher

کد ریبونکی ماشین

oornen

زیرمه‌گول

de Oorn

درمند

de Yamswöttel

خواړه کچالو

de Weten

غنم

dat Soja

سویا

de Kantüffel

کچالو

de Törksche Weten

جوار

de Rapp

نباتي تخم

de Aaftboom

د میوی ونه

de Troopsch Kantüffel

مانیوک

dat Koorn

غله

dat Huus

کور

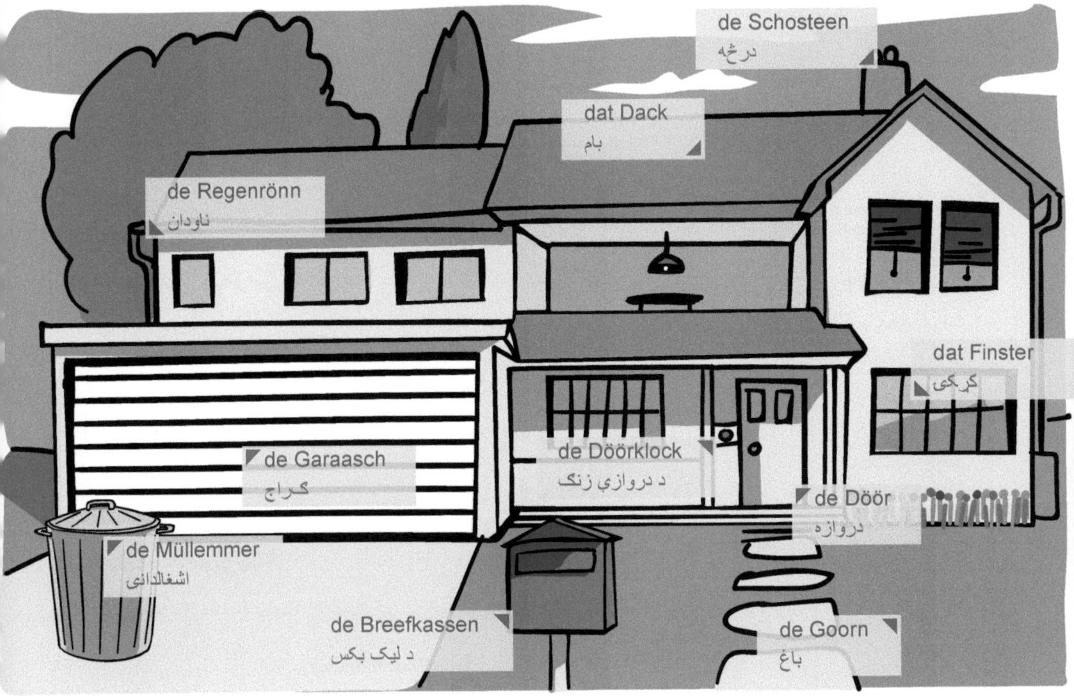
de Schosteen
درڅه
dat Dack
بام
de Regenrönn
ناودان
dat Finster
کړکۍ
de Döörklock
د دروازې زنګ
de Garaasch
ګراج
de Döör
دروازه
de Müllemmer
اشغالدانۍ
de Breefkassen
د لیک بکس
de Goorn
باغ

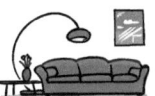

de Wahnstuuv

د اوسیدو خونه

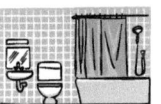

de Baadstuuv

حمام

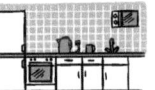

de Köök

پخلنځی

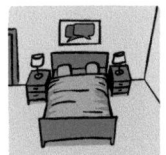

de Slaapstuuv

د ویده کیدو خونه

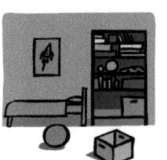

de Kinnerstuuv

د ماشوم خونه

de Eetstuuv

د خوړو خونه

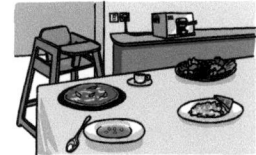

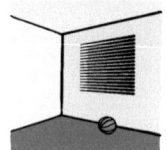

de Footbodden

فرش

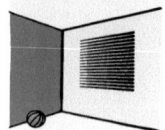

de Wand

دیوال

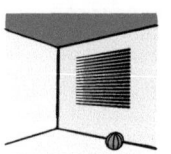

de Deek

چت

de Keller

زیرخانه

dat Hittluftbad

سونا

de Balkon

بالکوني

de Terrass

تراس

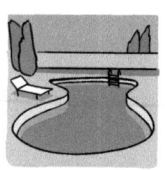

dat Swümmbad

حوض

de Rasenmeiher

د چمن وهلو ماشين

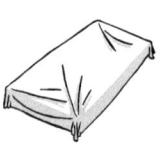

de Bettbetog

شيت

de Bettdeek

روجایی

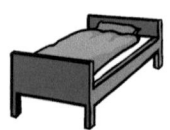

de Puuch

تخت

de Bessen

جارو

de Emmer

بوکه

de Schalter

سویچ

de Wahnstuuv
د اوسیدو خونه

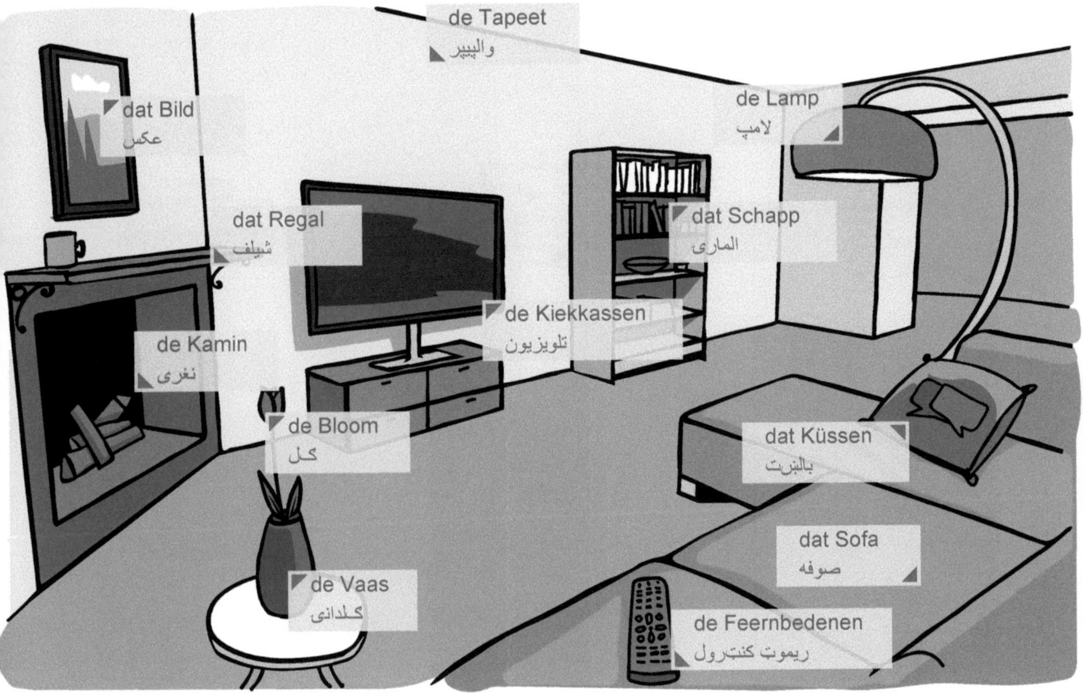

de Tapeet
والپیپر
dat Bild
عکس
de Lamp
لامپ
dat Regal
شیلف
dat Schapp
الماری
de Kiekkassen
تلویزیون
de Kamin
نغری
de Bloom
گل
dat Küssen
بالښت
dat Sofa
صوفه
de Vaas
گلدانی
de Feernbedenen
ریموټ کنټرول

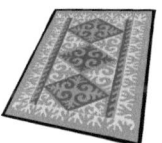

de Teppich
غالی

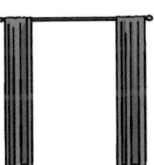

de Vörhang
پرده

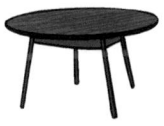

de Disch
میز

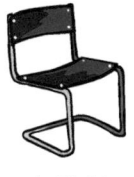

de Stohl
چوکی

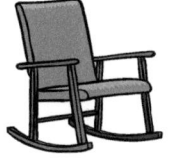

de Schuckelstohl
تاویدونکي چوکی

de Sessel
بازو لرونکی چوکی

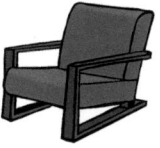

dat Book

كتاب

de Deek

كمبل

de Dekoratschoon

ديكوريشن

dat Füerholt

د اور لرګي

de Film

فلم

de Stereoanlaag

هايفاى

de Slötel

كلي

dat Narichtenblatt

ورځپاڼه

dat Gemälde

نقاشي

dat Poster

پوستر

dat Radio

راديو

de Opschrievblock

كتابچه

de Huulbessen

واكيوم جارو

de Kaktus

كاكتوس

de Kars

شمع

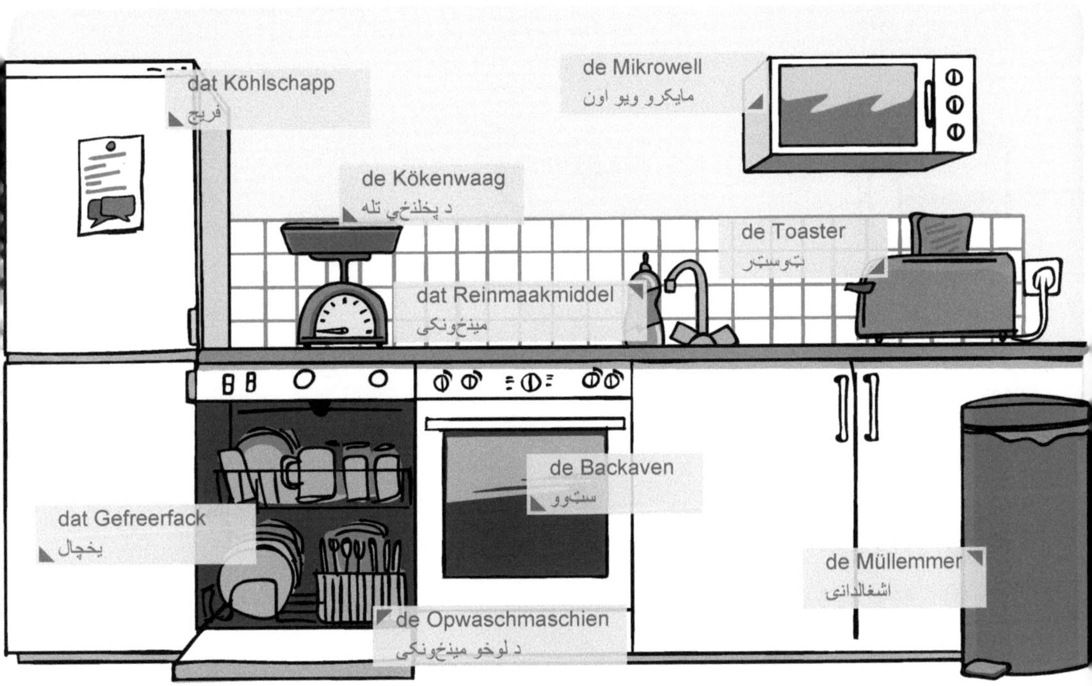

dat Köhlschapp
فریج

de Mikrowell
مایکرو ویو اون

de Kökenwaag
د پخلنځي تله

dat Reinmaakmiddel
مینځونکی

de Toaster
ټوسټر

de Backaven
سټوو

dat Gefreerfack
یخچال

de Müllemmer
اشغالدانی

de Opwaschmaschien
د لوخو مینځونکی

de Heerd

دیگ بخار

de Pott

لوخی

de Gussiesern Putt

چدني لوخی

de Wok / Kadai

ووک

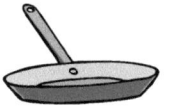

de Pann

د تلي په

de Waterkaker

چای جوش

de Dampkaakputt

د بخار ديگ

dat Backblick

پتنوس

dat Geschirr

لوخي

de Beker

مگ

de Schaal

كاسه

de Eetsticken

د رانيولو اوزار

de Suppenkell

څمڅى

de Pannenwenner

كفګير

de Sneebessen

پاكونكى

dat Kaakseef

صافي

dat Seef

غلبيل

de Riev

ګريتر

de Mörser

اونگ

de Grill

بار بي كيو

de Füerstell

خلاص اور

dat Sniedbrett

تخته

dat Nudelholt

هوارونکی

de Proppentrecker

کارک سکريو

de Doos

ټين

de Dosenaapner

د ټين خلاصونکی

de Pottlappen

د لوخي ټوټه

dat Waschbecken

ظرف شوی

de Böst

برس

de Swamm

سپنج

de Mixer

بليندر

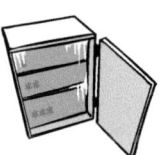

dat lesschapp

ژور يخچال

de Nuckelbuddel

د ماشوم بوتل

de Waterhahn

نل

de Baadstuuv

حمام

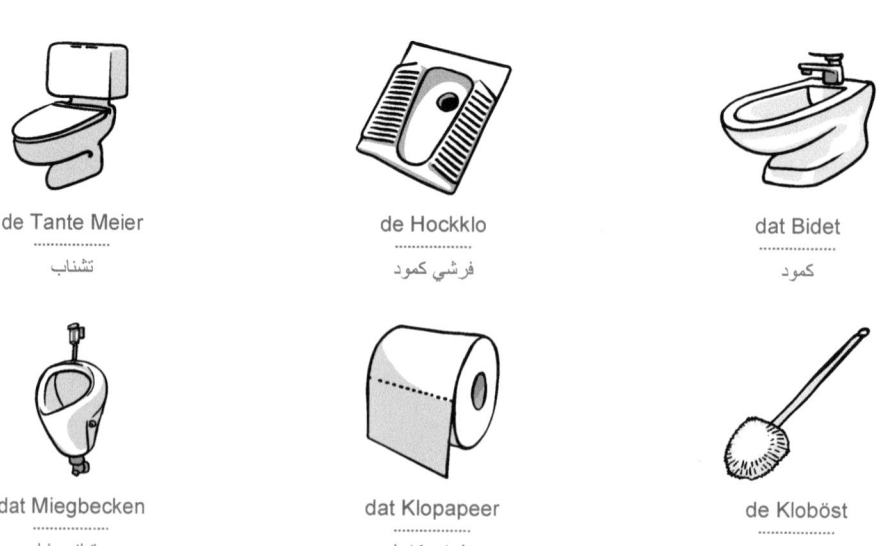

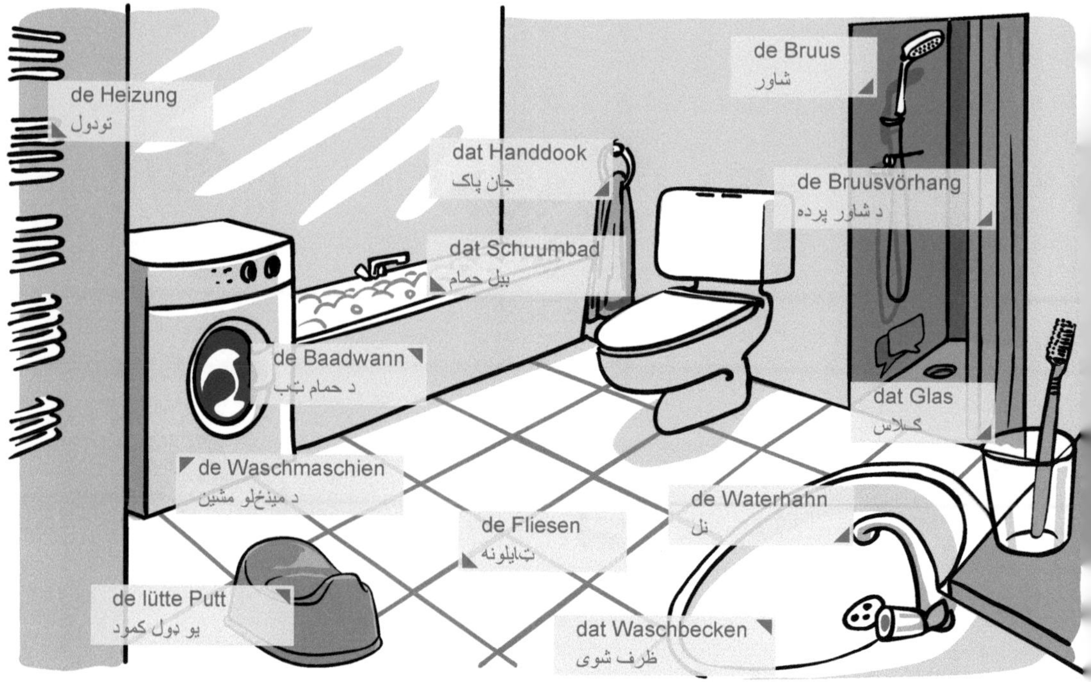

de Bruus
شاور
de Heizung
تودول
dat Handdook
جان پاک
de Bruusvörhang
د شاور پرده
dat Schuumbad
ببل حمام
de Baadwann
د حمام ټب
dat Glas
گیلاس
de Waschmaschien
د مینځلو مشین
de Waterhahn
نل
de Fliesen
ټایلونه
de lütte Putt
یو ډول کموډ
dat Waschbecken
ظرف شوی

de Tante Meier
تشناب

de Hockklo
فرشي كموډ

dat Bidet
کموډ

dat Miegbecken
د متیازو ځای

dat Klopapeer
تشناب کاغذ

de Klobōst
د تشناب برس

de Tähnböst

د غاښونو برس

de Tähnpast

د غاښونو کریم

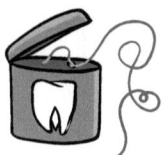

de Tähnsied

د غاښونو نخ

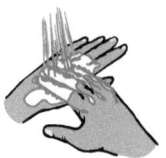

waschen

مینځل

de Handbruus

لاسي شاور

de Intimbruus

دوش

de Waschschöttel

خانک

de Rüchböst

د شا برس

de Seep

صابون

dat Bruusgeel

د شاور ژل

dat Hoorwaschmiddel

شامپو

de Waschlappen

فلانل جامه

de Afloop

وچول

de Creme

کریم

dat Deodorant

سپری

de Spegel

آینه

de Kosmetikspegel

لاسي آینه

de Raserer

ریزر

de Raseerschuum

د خریلو فوم

dat Raseerwater

د خریلو وروسته

de Kamm

کمذخ

de Böst

برس

de Hoordröger

د ویښتانو وچونکی

dat Hoorspray

د ویښتانو سپری

de Smink

میک اپ

de Lippensticken

لیپ سټیک

de Nagellack

د نوکانو پالش

de Watt

کاتن وری

de Nagelscheer

ناخن گیر

dat Rüükwater

عطر

de Kulturbüdel

د مینځلو کڅوړه

de Schemel

سټول

de Waag

د وزن کولو تله

de Baadmantel

د حمام پوښاک

de Gummihanschen

د ربر دستکش

de Tampon

تامپون

de Damenbinn

صحیی جان پاک

dat Chemieklo

کیمیکل تشناب

de Kinnerstuuv

د ماشوم خونه

de Wecker
د الارم ساعت
dat Knudeldeert
د لوبو وسایل
dat Speeltüüchauto
د نانځکي موټر
de Klöter
ريټل
dat Poppenhuus
د نانځکو خونه
dat Geschenk
ډالۍ

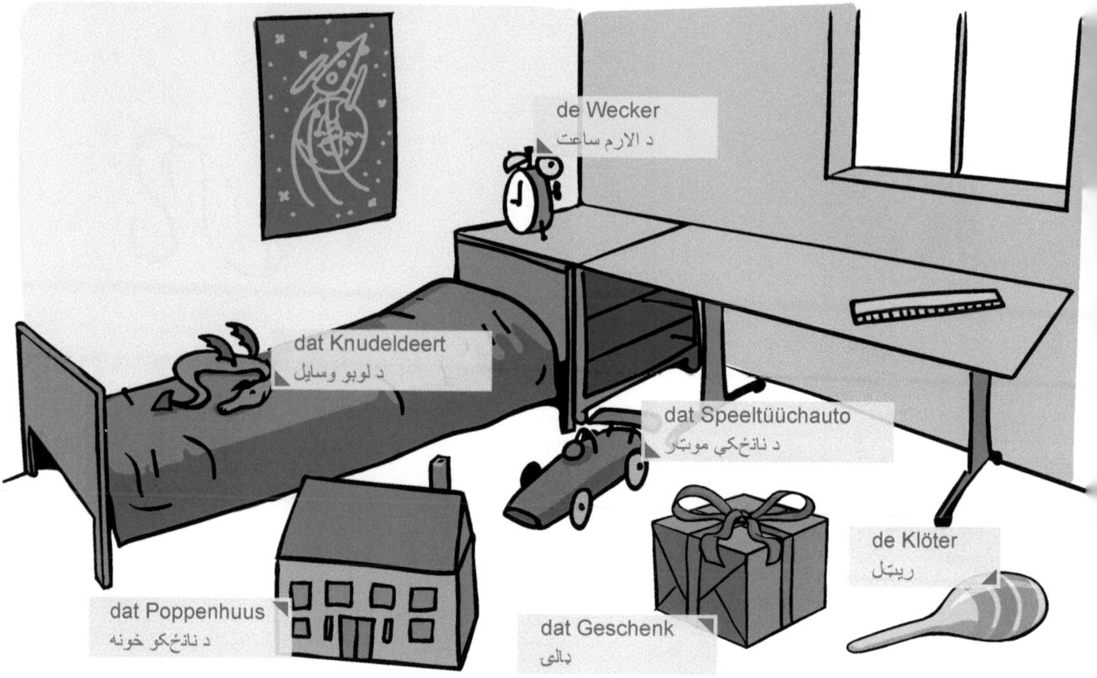

de Luftballon

بالون

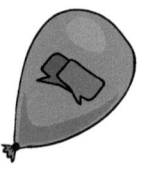

de Puuch

تخت

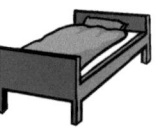

de Kinnerwagen

کالسکه

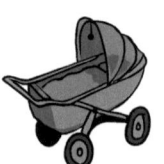

dat Koortenspeel

د لوبو ورقي

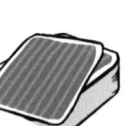

dat Puzzle

جیګسا

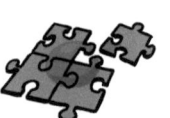

de Billergeschicht

مسخره

de Legostenen

ليګو بريک

de Bustenen

د نانخکو بلاک

de Action-Figur

د اکشن فيګور

de Strampelantog

د ماشوم پوښاک

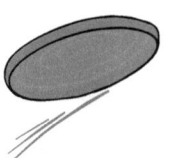

de Frisbeeschiev

فريزبي

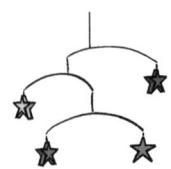

dat Mobile

موبايل

dat Brettspeel

بورډ لوبه

de Wörpel

تاس

de Modelliesenbahn

مادل ريل سيټ

de Snuller

ګونګشی

de Party

پارتي

dat Billerbook

د عکسونو البوم

de Ball

بال

de Popp

نانځکه

spelen

لوبيدل

de Sandkassen

د شګو کنده

dat Speeltüüch

نانځکي

de Speelkonsool

د ویډیو لوبو کنسول

dat Dreerad

تری سایکل

de Schuckel

سوینګ

de Teddyboor

ګوډکه

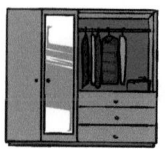

dat Klederschapp

د کالو الماری

---

dat Tüüch

پوښاک

de Socken

جرابي

de Strümp

لوړي جرابي

de Strumpbüx

ټایټس

dat Halsdook
زروکی

de Liefreem
کمربند

de Paraplü
چتری

dat T-Shirt
تي شرت

de Turnschoh
سنیکر

de Stevel
بوت‌ان

de Puuschen
سلیپر

de Sandalen
سیندل

de Schoh
بوت‌ان

de Gummistevel
د ربر بوت‌ان

de Ünnerbüx
زیرنیکري

de Bostholler
سینه بند

dat Ünnerhemd
واسکت

dat Tüüch - پوشاک 45

de Lief

بادي

de Büx

پتلون

de Jeansnüx

جينز

de Rock

لمن

de Bluus

بلاوز

dat Hemd

شرت

de Pullover

بنيان

de Kapuzenpullover

سويتر

de Blazer

بليزر

de Jack

جاكت

de Mantel

كوت

de Övertrecker

د باران کوت

dat Kostüm

پوښاک

dat Kleed

كالي

dat Hochtietskleed

د واده پوښاک

de Antog

دريشي

dat Nachtkleed

د شپي پوښاک

de Slaapantog

پاجامه

de Sari

ساري

dat Koppdook

لوپټه

de Turban

پټکى

de Burka

برقه

de Kaftan

كفتن

de Abaya

عبا

de Baadantog

د لامبو پوښاک

de Baadbüx

نيكر

de Korte Büx

شارټ

de Antog to'n Öven

د خُغاستي پوښاک

de Schört

پيش بند

de Handschoh

دستكش

de Knopp

بيتن

de Brill

عينک

dat Armband

لاس بند

de Halskeed

غاره کی

de Ring

گوتمه

de Ohrbummel

غوږوالی

de Mütz

خولی

de Klederbögel

کوټ بند

de Hoot

خولی

de Binner

نتايي

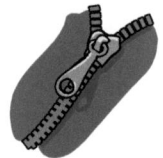

de Rietslüter

خنځير

de Helm

هيلميت

dat Drachtband

تړونکی

de Schooluniform

د ښوونځي يونيفارم

de Uniform

يونيفارم

de Severböten

بيب

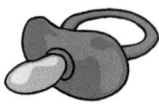

de Snuller

گونگشی

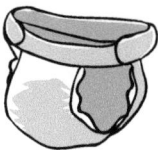

de Winnel

نپیي

dat Büro

دفتر

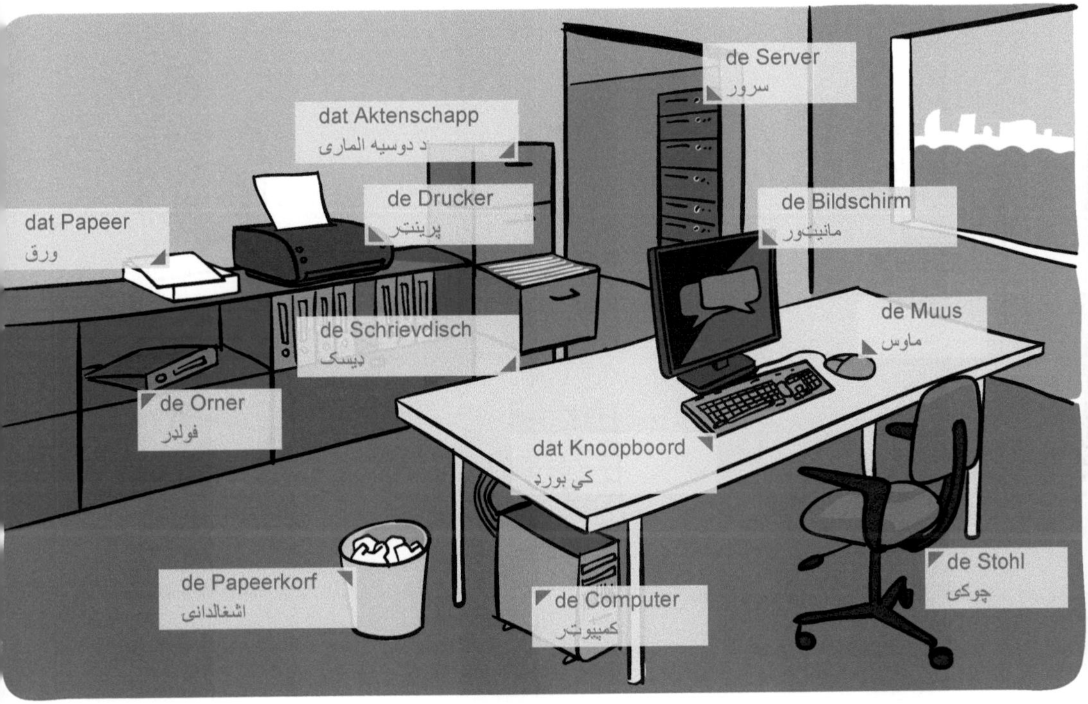

de Server

سرور

dat Aktenschapp

د دوسیه الماری

de Drucker

پرینتر

dat Papeer

ورق

de Bildschirm

مانیټور

de Schrievdisch

ډیسک

de Muus

ماوس

de Orner

فولډر

dat Knoopboord

کی بورډ

de Papeerkorf

اشغالدانی

de Computer

کمپیوټر

de Stohl

چوکی

de Koffiebeker

د کافي پیاله

de Taschenreekner

کالکولیټر

dat Internet

انټرنیت

de Klappreekner

لپ ټاپ

de Breef

لیک

de Naricht

پيغام

de Ackersnacker

موبايل

dat Nettwark

نيټورک

de Kopeerapparat

فوټوکاپير

de Software

سافټوير

de Klöönkassen

تليفون

de Steekdoos

پلگ ساکټ

de Faxapparat

فکس مشين

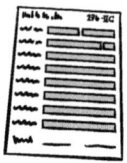

dat Formulor

فارم

dat Dokument

سند

köpen

پیرل

betahlen

تاديه كول

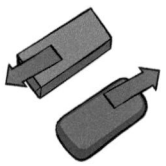

hanneln

سوداگري كول

dat Geld

پيسي

de Dollar

ډالر

de Euro

يورو

de Yen

ين

de Ruvel

ربل

de Swiezer Franken

سويسي فرانک

de Renminbi Yuan

رينمينبي يوان

de Rupie

روپی

de Geldautomat

د نغدي پيسو ځای

de Wesselstuuv

د اسعارو د تبادلي دفتر

dat Gold

سره زر

dat Sülver

سپين زر

dat Ööl

تيل

de Energie

انرژي

de Pries

نرخ

de Verdrag

قرارداد

de Stüer

ماليه

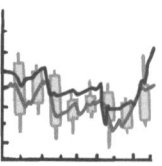

de Andeelschien

اسهام

arbeiden

کار کول

de Anstellte

کارمند

de Arbeitgever

کار ګومارونکی

de Fabrik

فابریکه

de Hökerie

پلورنځی

de Wachtmeester
د پوليسو افسر

de Füerwehrmann
د اطفايه غړی

de Kock
آشپز

de Dokter
ډاکټر

de Fleger
پيلوټ

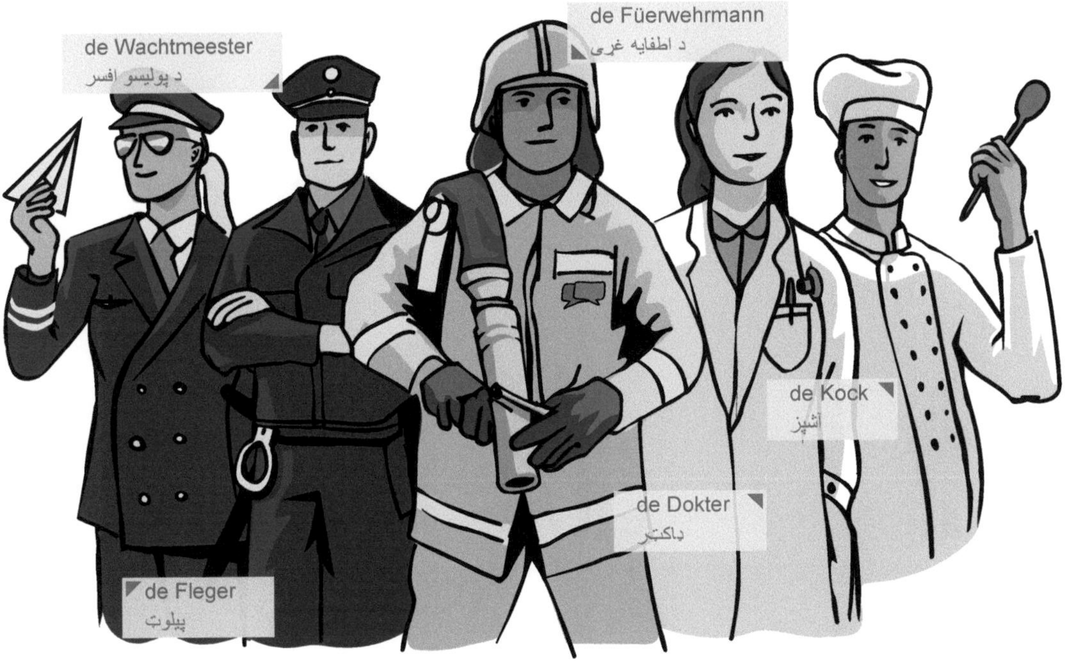

de Goorner

باغوان

de Discher

نجار

de Neihersche

خياط

de Richter

قاضي

de Chemiker

کيميا پوه

de Schauspeler

د فلم لوبغاړی

de Busfohrer

د بس درايور

de Taxifohrer

د ټيکسي درايور

de Fischer

کب نيونکی

de Reinmaakfru

خدمه

de Dackdecker

بام جورونکی

de Kellner

پيشخدمت

de Jäger

ښکاري

de Maler

نقاش

de Bäcker

نانوا

de Elektriker

د برېښنا کارکونکی

de Buarbeider

تعمير جورونکی

de Ingenieur

انجنير

de Slachter

قصاب

de Klempner

نلدوان

de Postbüdel

پوست رسونکی

de Suldat

سرتیری

de Architekt

مهندس

de Kasserer

صراف

de Florist

مالیار

de Putzbüdel

نایی

de Schaffner

کلیندر

de Mechaniker

میکانیک

de Kaptein

کپتان

de Tähndokter

د غاښونو ډاکټر

de Wetenschopler

ساینس پوه

de Rabbi

ښاغلی

de Imam

امام

de Mönk

مذهبي نفر

de Paap

پادري

dat Warktüüch

لوازم

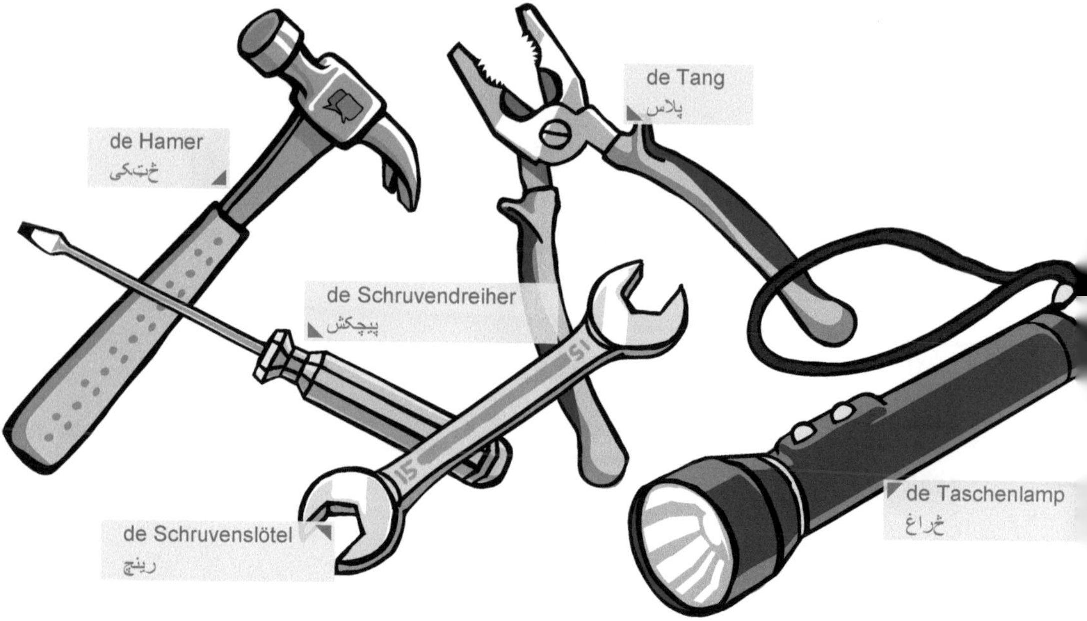

de Tang
پلاس
de Hamer
څټکی
de Schruvendreiher
پیچکش
de Taschenlamp
څراغ
de Schruvenslötel
رینچ

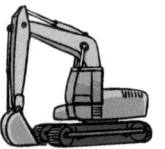

de Grieper

کنستونکی

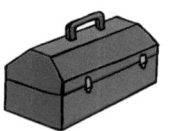

de Warktüüchkassen

د لوازمو بکس

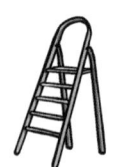

de Ledder

زینه

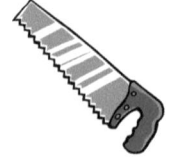

de Saag

اره

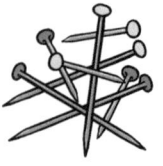

de Nagels

میخونه

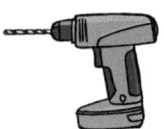

de Bohrer

برمه

heelmaken

ترمیم کول

de Schüffel

بيل

Schiet!

لعنت!

dat Kehrblick

خاک انداز

de Farvpott

مشوانی

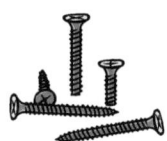

de Schruven

پیچونه

de Musikinstrumenten

د میوزیک آلات

de Luutsnacker
لاود سپیکر

dat Slagtüüch
درم سیت

de Rietfiedel
ګیتار

de Bass-Vigelien
کنتـرباس

de Trumpeet
تـرومپیت

dat Klaveer

پیانو

de Vigelien

وایلن

de Bass

باس

de Pauk

نغاره

de Trummeln

ډرمونه

dat Keyboard

کي بورد

dat Saxophon

سیکسافون

de Fleut

ښپیلی

dat Mikrofoon

مایکروفون

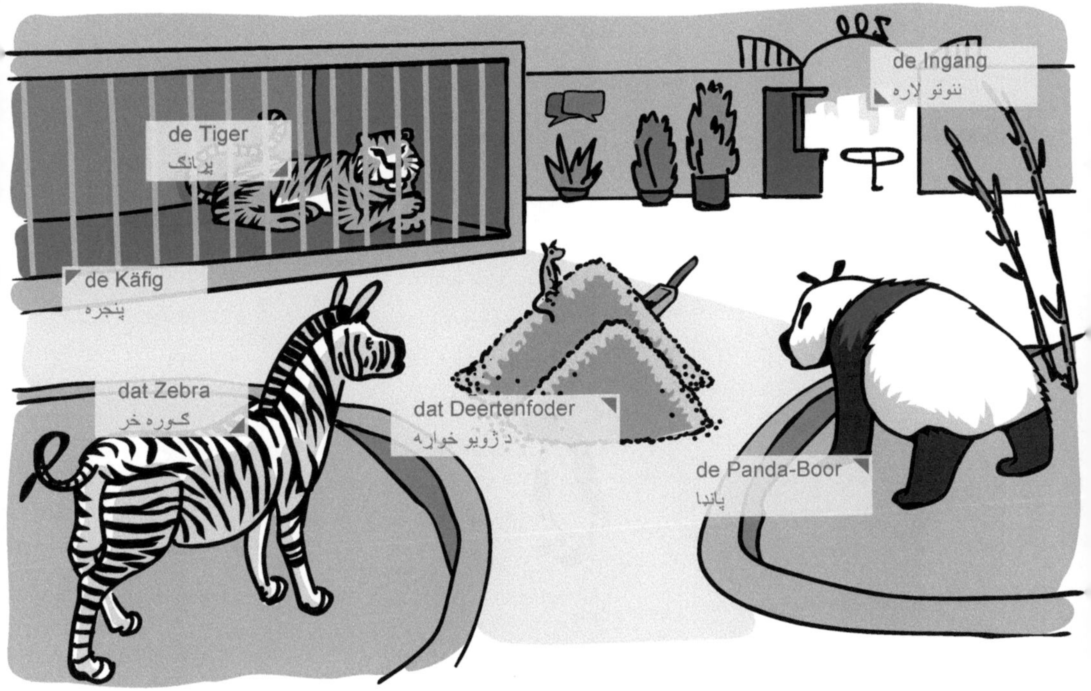

de Ingang
ننوتو لاره

de Tiger
پرانگ

de Käfig
پنجره

dat Zebra
گوره خر

dat Deertenfoder
د ژوپو خواره

de Panda-Boor
پاندا

de Deerten

ژوی

de Elefant

هاتي

dat Känguru

کنگرو

dat Neeshoorn

د اوبو اسپ

de Gorilla

گوریلا

de Boor

ایره

dat Kameel

اوښ

de Struuß

شترمرغ

de Lööv

زمرى

de Aap

بيزو

de Flamingo

غزى

de Papagoi

طوطي

de Iesboor

قطبي ايږه

de Pinguin

پينگوين

de Haifisch

شارک

de Pageluun

طاوس

de Slang

مار

dat Krokodil

تمساح

de Oppasser in'n
Deertenpark
ژوبن ساتونکى

de Saalhund

سيل

de Jaguor

جګوار

dat Pony

يابو

de Leopard

پرانگ

dat Nilpeerd

هيپو

de Giraff

زرافه

de Aadler

باز

dat Wildswien

نرخوک

de Fisch

کب

de Schildkrööt

شمشتی

dat Walross

سمندري نولی

de Voss

گيدره

de Gazell

هوسی

de Amerikaansch Football
امریکایی فټبال

dat Radfohren
سایکل ځغلول

dat Tennis
تینیس

de Korfball
باسکیټبال

dat Swümmen
لامبو

dat Boxen
باکسینګ

dat Ieshockey
د کنګل هاکي

de Football
فټبال

dat Fedderball
کسیزه

de Leichtathletik
د خغاستي لوبی

de Handball
د هندبال

dat Skilopen
سکي

dat Polo
پولو

de Aktivitäten

فعاليتونه

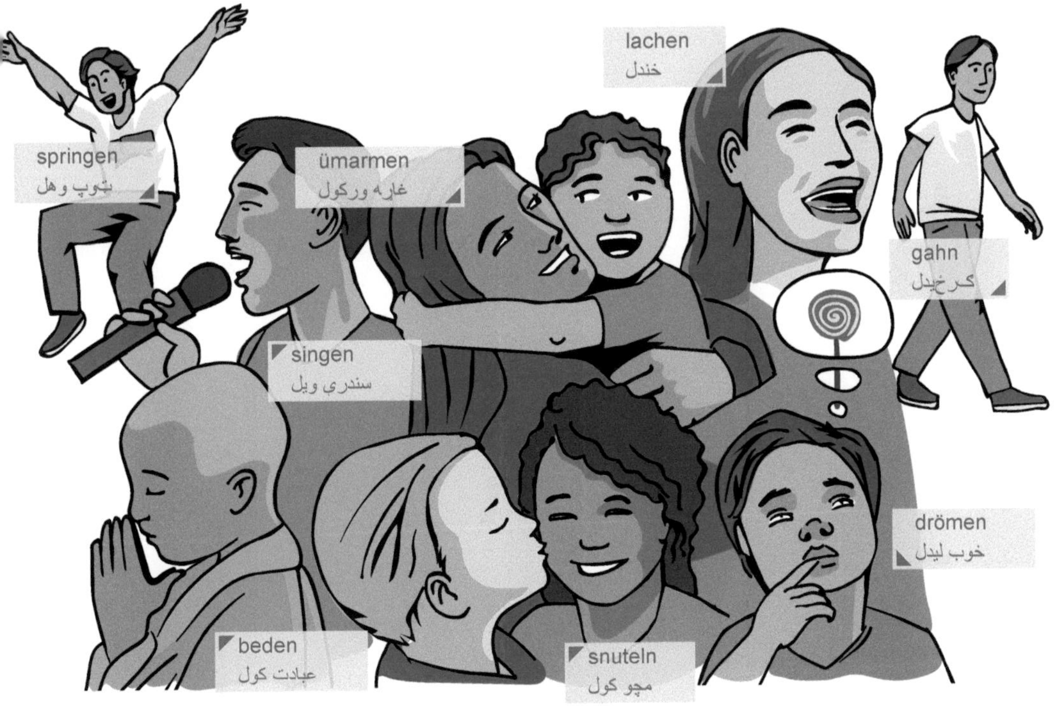

lachen
خندل
springen
ټوپ وهل
ümarmen
غاړه ورکول
gahn
ګرځيدل
singen
سندري ويل
drömen
خوب ليدل
beden
عبادت کول
snuteln
مچو کول

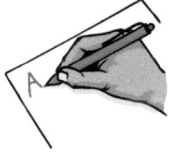

schrieven
....
ليکل

teken
....
کښل

wiesen
....
ښودل

drücken
....
ټيله کول

geven
....
ورکول

nehmen
....
اخيستل

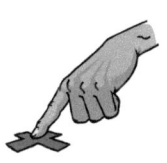

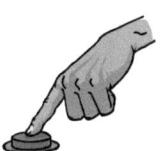

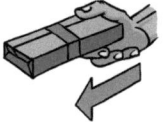

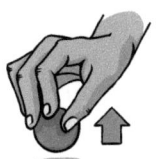

hebben

درلودل

doon

کول

sien

پاييدل

stahn

ودريدل

lopen

منډي وهل

trecken

راكښل

smieten

ګوزارل

fallen

لويدل

liggen

څملاستل

töven

انتظار كول

dregen

وړل

sitten

كښينستل

antrecken

پوښاك اغوستل

slapen

ويده كيدل

opwaken

پاڅيدل

de Aktivitäten - فعاليتونه

ankieken

كتل

wenen

ژړل

eien

بريد كول

kämmen

كـمنځ كول

snacken

خبري كول

verstahn

پوهيدل

fragen

غوښتل

hören

اوريدل

drinken

څښل

eten

خورل

oprümen

پاكول

leefhebben

مينه كول

kaken

پخلى كول

fohren

موټر چلول

flegen

الوتل

segeln

بېرۍ چلول

reken

حساب

lesen

لوستل

lehren

زده کول

arbeiden

کار کول

de Plünnen tohoopsmieten

واده کول

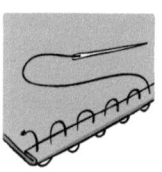

neihen

ګنډل

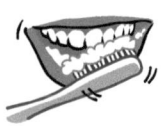

Tähnen putzen

د غاښونو برس کول

dootmaken

وژل

smöken

سګرت څکول

schicken

لیږل

de Familje
کورنۍ

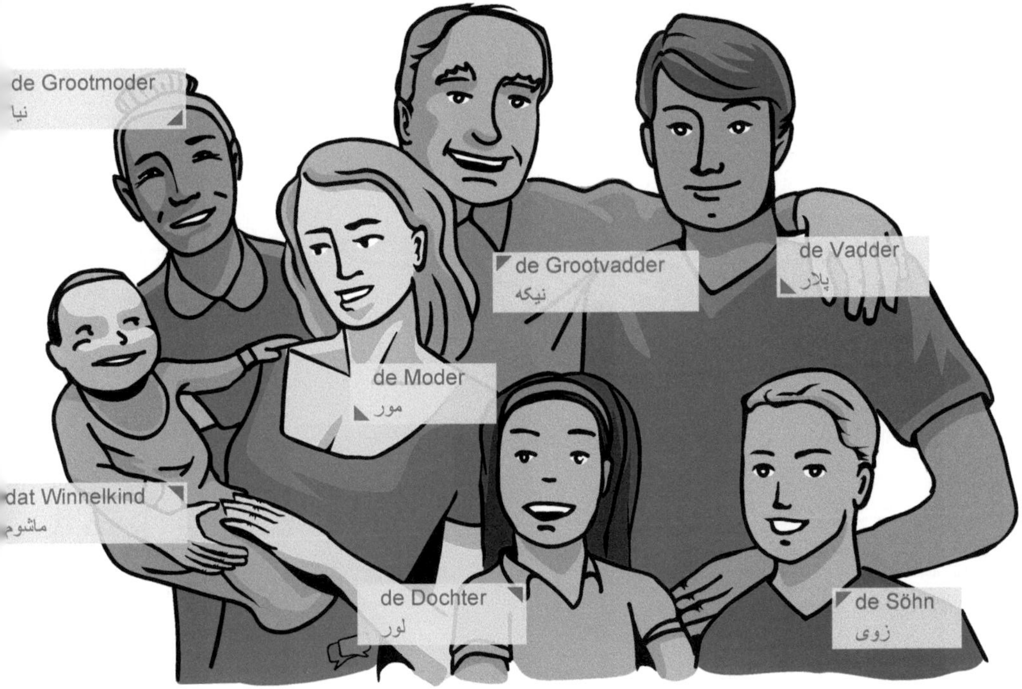
de Grootmoder
نیا
de Grootvadder
نیکه
de Vadder
پلار
de Moder
مور
dat Winnelkind
ماشوم
de Dochter
لور
de Söhn
زوی

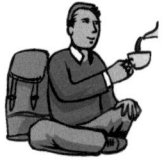

de Gast
میلمه

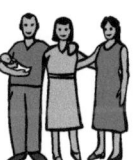

de Tant
ترور

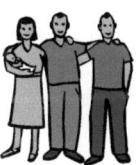

de Unkel
کاکا/ماما

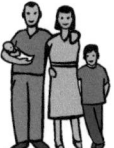

de Broder
ورور

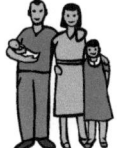

de Süster
خور

de Lief

بدن

de Vörkopp
تندی
dat Oog
سترګې
de Schuller
اوږه
de Finger
ګوته
dat Gesicht
مخ
dat Kinn
زنه
de Hand
لاس
dat Been
پښه
de Bost
سینه
de Arm
مټ

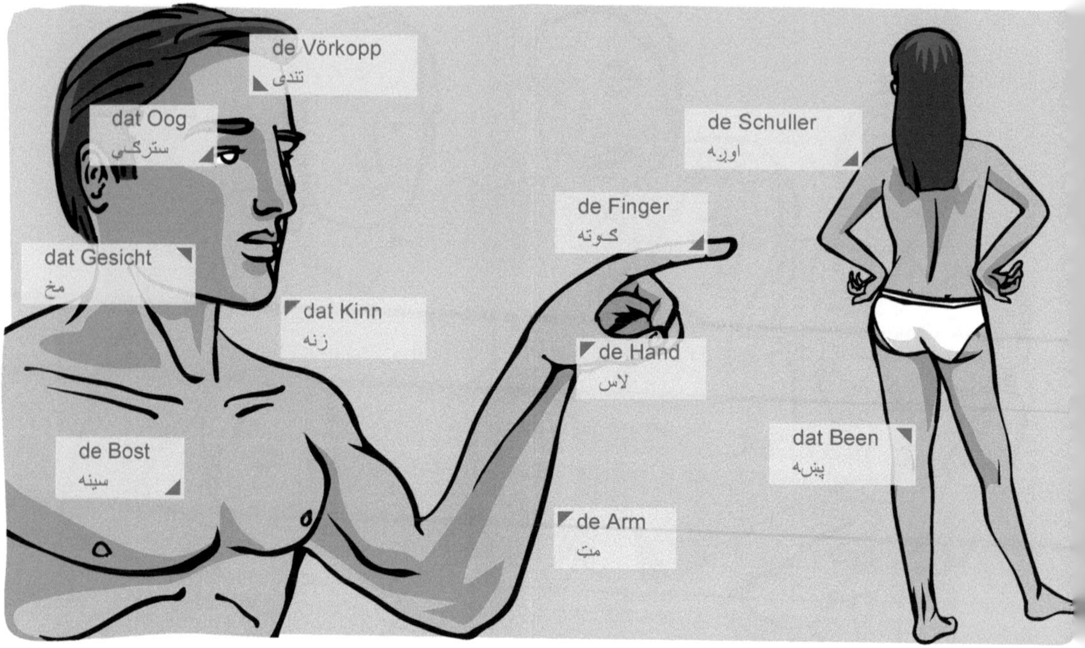

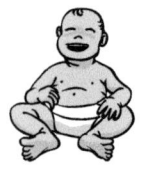

dat Winnelkind

ماشوم

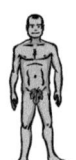

de Mann

سړی

de Fro

ښځه

de Deern

انجلۍ

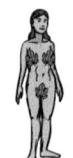

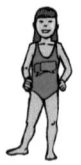

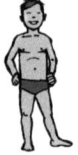

de Jung

هلک

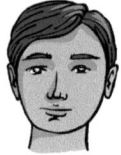

de Arm

سر

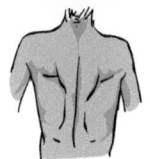

de Rüch

شا

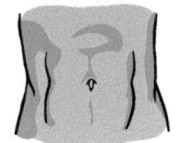

de Buuk

خيټه

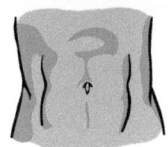

de Navel

نوم

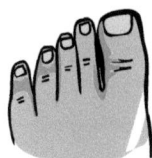

de Teh

د پښې ګوته

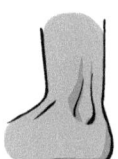

de Hack

پونده

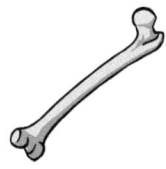

de Knaken

هډوکی

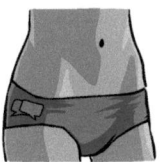

de Hüft

كوناتی

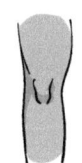

dat Knee

زنګون

de Ellbagen

څنګل

de Nees

پوزه

de Achtersen

لاندي برخه

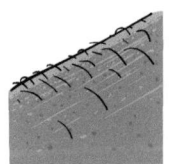

de Huut

پوټکی

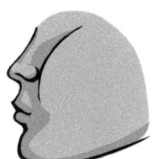

de Back

غومبوری

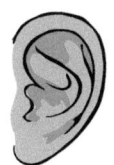

dat Ohr

غوږ

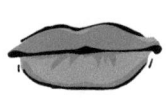

de Lipp

شونډه

de Lief - بدن   69

de Mund

خوله

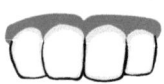

de Tähn

غاښ

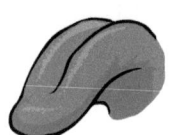

de Tung

ژبه

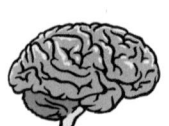

de Bregen

مغز

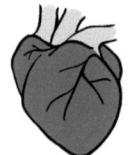

dat Hart

زره

de Muskel

عضله

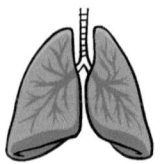

de Lung

سږی

de Lever

ځيګر

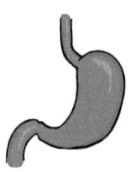

de Maag

معده

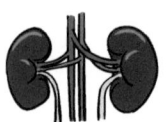

de Neren

پښتورګي

de Bislaap

جنسي نږدي والی

dat Kondoom

كاندوم

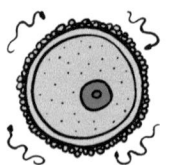

de Eizell

تخمه

dat Sperma

مني

de Anner Ümstänn

حمل

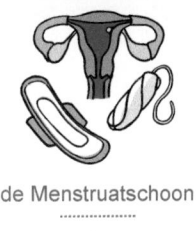

de Menstruatschoon

حیض

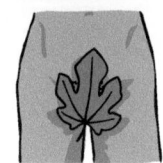

de Scheed

مهبل

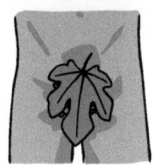

de Pint

د نارینه تناسلي آله

de Ogenbroe

وروځی

dat Hoor

ویښته

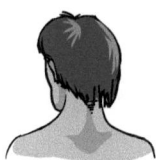

de Hals

غاړه

dat Krankenhuus
روغتون

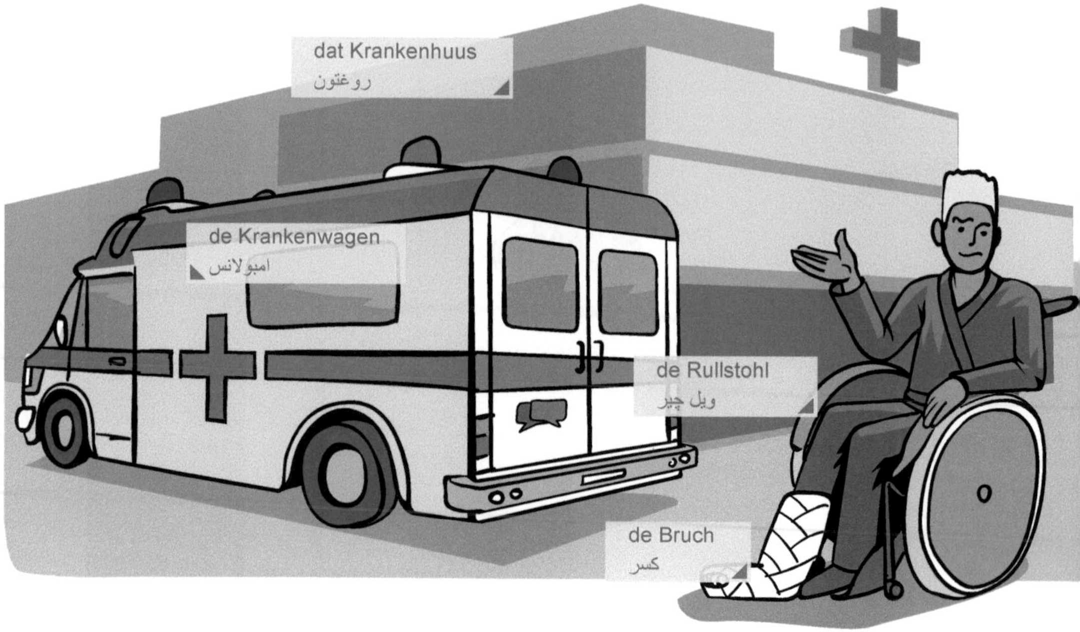

dat Krankenhuus
روغتون
de Krankenwagen
امبولانس
de Rullstohl
ویل چیر
de Bruch
کسر

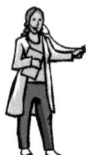

de Dokter

ډاکټر

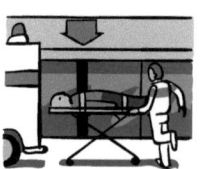

de Nootopnahm

عاجل خونه

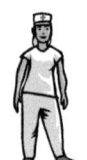

de Krankensüster

رنځورپال

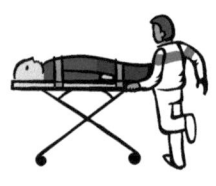

de Nootfall

عاجل

ahnmächtig

بي هوش

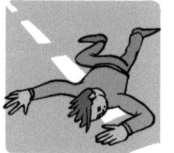

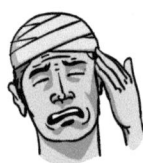

de Wehdaag

درد

de Verwunnen

ټپ

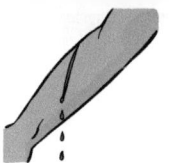

de Blöden

لدیوت هنیو

de Hartinfarkt

هلمح هرز د

de Slaganfall

برض

de Allergie

تیساسح

de Hoosten

ىخوت

dat Fever

هبت

de Gripp

ازنیولفنا

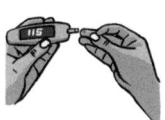

de Dörchfall

ىتسان سن

de Koppwehdaag

درد رس

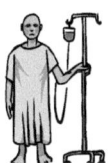

de Kreeft

ناطرس

de Zuckersüük

رکش

de Chirurg

حارج

dat Chirurgsch Mess

لپلاکس

de Operatschoon

تایلمع

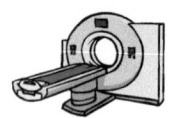

dat CT

سی،تي

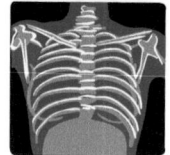

de Dörchlüchten

ایکس ری

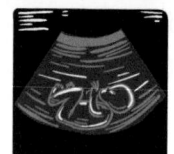

de Ultraschall

الترّاساوند

de Mask

د مخ ماسک

de Krankheit

ناروغي

de Töövruum

انتظار خونه

de Krück

امسأ

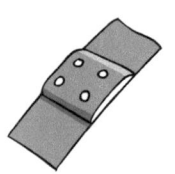

dat Plaaster

پلستر

de Verband

بنداژ

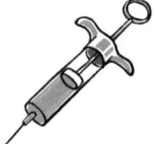

de Insprütten

تزریق

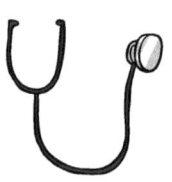

dat Stethoskop

ستاتسكوپ

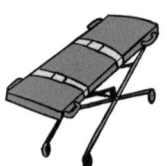

de Draag

تسكيره

dat Feverthermometer

كلينكي ترماميتر

de Geboort

زيږون

dat Övergewicht

زيات وزن

de Höörapparat

د اوريدو مرسته

dat Kiemfriemiddel

د عفونيت ځخه پاکونکي مواد

de Ansteken

عفونيت

de Virus

ويروس

dat HIV / AIDS

ايچ.اِي.وي\ايدز

dat Heelmiddel

درمل

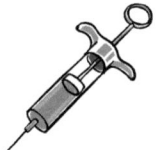

de Impen

واكسين

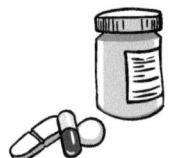

de Tabletten

ټابليټس

de Pill

ګولۍ

de Nootroop

عاجل تليفون

de Blootdruck-Meter

د وينې د فشار څارونکی

krank / gesund

ناروغ\روغ

Hölp!

مرسته!

de Alarm

الارم

de Överfall

يرغل

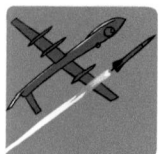

de Angreep

بريد

de Gefohr

خطر

de Nootutgang

عاجل لاره

dat Füer!

اور!

de Füerlöscher

د اور وژونکی

de Unfall

پیښه

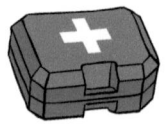

de Noothölpkoffer

د لومړی مرستي لوازم

SOS

ايس.او.ايس

de Polizei

پوليس

Europa

اروپا

Noordamerika

شمالي امريکا

Süüdamerika

سهيلي امريکا

Afrika

افريقا

Asien

آسيا

Australien

آسټريليا

de Atlantik

اتلانتیک

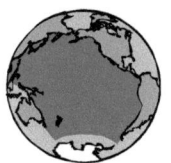

de Pazifik

پاسيفيک

dat Indisch Weltmeer

د هند بحر

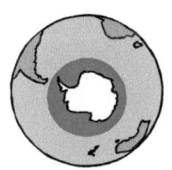

dat Antarktisch Weltmeer

جنوبي منجمد بحر

dat Arktisch Weltmeer

د شمال قطب بحر

de Noordpol

شمالي قطب

de Süüdpol

سهيلي قطب

de Antarktis

انتّاركتّيكا

de Eerd

خُمکه

dat Land

خُمکه

de See

بحر

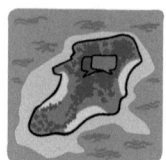

dat Eiland

ټاپو

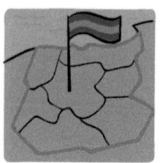

de Natschoon

ملت

de Staat

دولت

dat Tallenblatt

د مخي ساعت

de Stunnenwieser

د ساعت ستنه

de Minutenwieser

د دقيقي ستنه

de Sekunnenwieser

د ثانيى ستنه

Wo laat is dat?

څه وخت دى؟

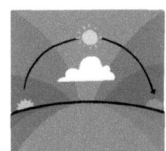

de Dag

ورځ

de Tiet

وخت

nu

اوس

de digetaalsch Klock

ديجيټل ساعت

de Minuut

دقيقه

de Stunn

ساعت

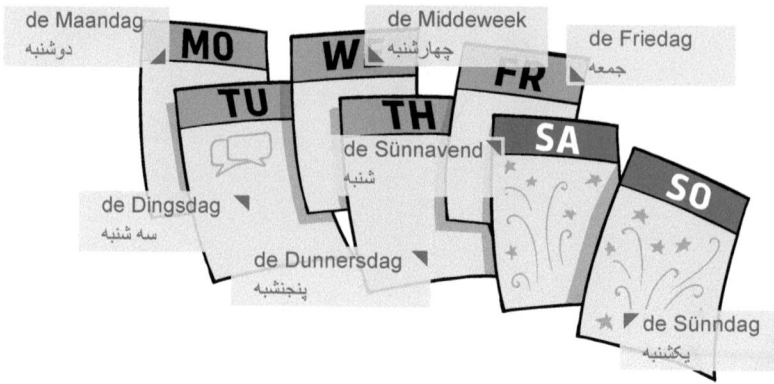

de Maandag
دوشنبه

de Middeweek
چهارشنبه

de Friedag
جمعه

de Sünnavend
شنبه

de Dingsdag
سه شنبه

de Dunnersdag
پنجشنبه

de Sünndag
یکشنبه

güstern

پرون

hüüt

نن

morgen

سبا

de Morgen

سهار

de Meddag

غرمه

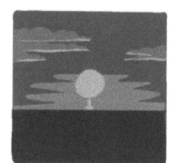

de Avend

ماښام

de Arbeitsdaag

كاري ورځی

dat Wekenenn

د اونۍ پای

dat Johr

کال

de Regen
باران
de Regenbagen
رنګين کمان
de Snee
واوره
de Wind
باد
dat Fröhjohr
پسرلی
de Harvst
منی
de Sommer
اوړی
de Winter
ژمی

4.APRIL 11°
5.APRIL 4°
6.APRIL 13°
7.APRIL 8°
8.APRIL 10°

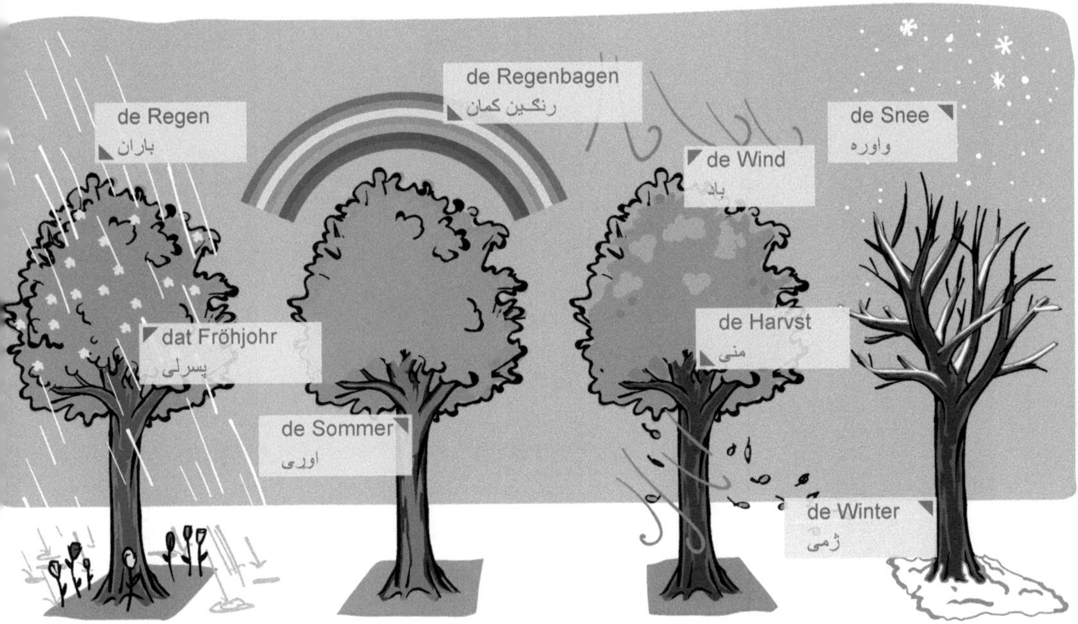

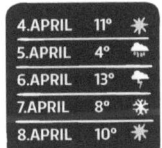

de Wedervörhersaag

د موسم وړاندوینه

F C
120 90 60 30 0 -30
40 30 20 10 0 -10 -20

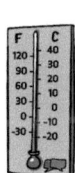

dat Thermometer

ترمومیټر

de Sünnenschien

د لمر وړانګې

de Wulk

وریځ

de Nevel

لړه

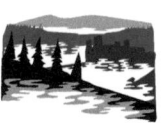

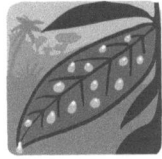

de Luftfuchtigkeit

رطوبت

de Blitz

اربڑ

de Dunner

تندر

de Storm

توفان

de Hagel

ژلئ وریدل

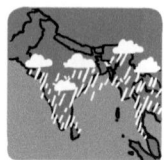

de Monsun

مون سون باران

de Floot

سیلاب

dat Ies

یخ

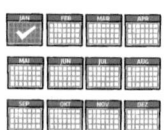

de Januormaand

جنوري

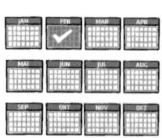

de Februormaand

فبروري

de Martmaand

مارچ

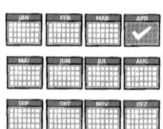

de Aprilmaand

اپریل

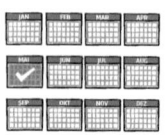

de Maimaand

مئ

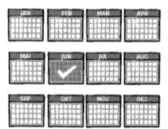

de Junimaand

جون

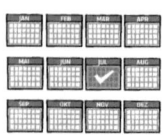

de Julimaand

جولائ

de Augustmaand

اگست

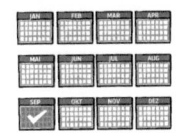

de Septembermaand

سپتمبر

de Oktobermaand

اکتوبر

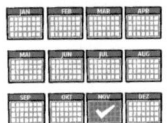

de Novembermaand

نومبر

de Dezembermaand

دسمبر

de Formen

شکلونه

de Krink

دایره

dat Quadrat

مربع

dat Rechteck

مستطیل

dat Dreeeck

مثلث

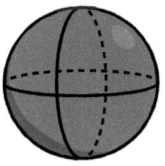

de Kugel

توپ

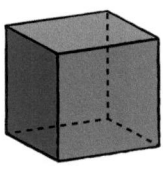

de Wörpel

فال

witt

سپیین

geel

ژیر

orangsch

نارنجي

pink

گـلابي

root

سور

lila

ارغواني

blau

نیلي

gröön

ٹـیین

bruun

نسواري

gries

خر

swart

تور

veel / wenig

خورا ډېر/خورا لږ

böös / verdreeglich

قار/ارام

smuck / mies

ښکلی/بدشکله

de Begünn / dat Enn

پیل/پای

groot / lütt

لوی/کوچنی

hell / düüster

روښانه/تیاره

de Broder / de Süster

ورور/خور

schier / schietig

پاک/ککر

kumpleet / nich kumpleet

مکمل/نامکمل

de Dag / de Nacht

ورځ/شپه

doot / lebennig

مړ/ژوندی

breet / small

پراخه/نری

geneetbor / nich geneetbor

د خوراک وړ/نه خورل کیدونکی

böös / fründlich

بد/مهربان

fickerig / langwielt

پاریدلی/بی خونده

dick / dünn

چاق/وچ

toeerst / toletzt

لومړی/وروستی

de Fründ / de Fiend

ملګری/دښمن

vull / leddig

ډک/تش

hart / week

سخت/نرم

swoor / licht

دروند/سپک

de Smacht / de Döst

لوږه/تنده

krank / gesund

ناروغ/روغ

nich na't Recht / na't Recht

غیرقانوني/قانوني

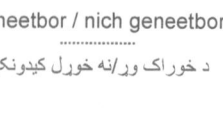

klook / dummerhaftig

هوښیار/ساده

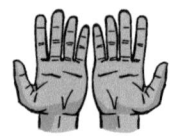

linkerhand / rechterhand

کیڼ/ښیي

neeg / feern

نږدې/لری

86   de Gegendelen - متضاد

nieg / bruukt

نويۍ/زور

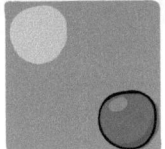

nix / wat

هيچ/يوځه

oolt / jung

بدا/ځوان

an / ut

چالان/بند

apen / slaten

خلاص/تړلی

lies / luut

غلي/لور غږ

riek / arm

بدايه/غريب

richtig / verkehrt

صحيح/غلط

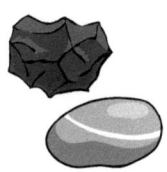

ruug / glatt

زبر /ملايم

trurig / glücklich

خفه/خوښ

kort / lang

لنډ/اوږد

suutje / flink

سست/ګړندی

natt / dröög

لوند/وچ

warm / köhl

ګرم/يخ

de Krieg / de Freden

جګړه/سوله

0

null

صفر

1

een

يو

2

twee

دوه

3

dree

دري

4

veer

څلور

5

fief

پنځه

6

söss

شپږ

7

söven

اوه

8

acht

اته

9

negen

نهه

10

teihn

لس

11

ölven

يولس

12

twölf

دولس

13

dörteihn

ديارلس

14

veerteihn

څوارلس

15

föffteihn

پنځلس

16

sössteihn

شپارس

17

söventeihn

وولس

18

achtteihn

اتلس

19

negenteihn

نولس

20

twintig

شل

100

hunnert

سل

1.000

dusend

زر

1.000.000

million

ميليون

dat Engelsch

انگلسي

dat Amerikaansch Engelsch

امریکایی انگلسي

dat Chineesch Mandarin

چینایی مندرین

dat Hindi

هندي

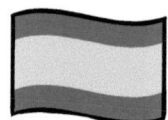

dat Spaansch

هسپانوي

dat Franzöösch

فرانسوي

dat Araabsch

عربي

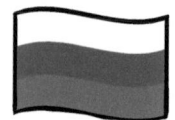

dat Rusch

روسي

dat Portugiesch

پرتگالي

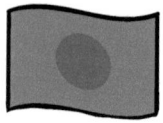

dat Bengaalsch

بنگالي

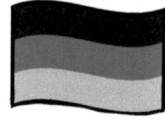

dat Düütsch

آلماني

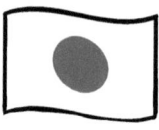

dat Japaansch

جاپاني

ik

زه

du

ته

he / se / dat

هغه/دغه/دا

wi

مورږ

ji

تاسي

se

دوی/هغوی

keen?

ژوک؟

wat?

ژه؟

woans?

ژنکه؟

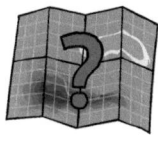

woneem?

چیري؟

wannehr?

کله؟

de Naam

نوم

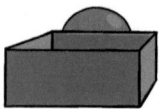

achter

شاته

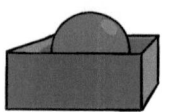

in

په

vör

په مخه کي

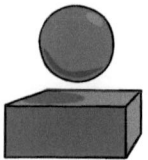

över

باندي

op

په

ünner

لاندی

blangen

برسیره پر

twüschen

ترمینځ

de Oort

ځای